Cindy Peñalver

Gemma Capdevila

MARIPOSAS EN EL COLE

Querida Judit,
Para que la dignidad
y el respeto sean la
mantita de todas
nuestras mariposas.
Con cariño,
Cindy

Duomo ediciones

En mi barriga revolotean bichitos sin parar mientras intento cerrar los ojos. Me siento emocionada y nerviosa. Me abrazo fuerte a Morritos mientras mamá, sentada a mi lado, me dice:

—Es normal sentirse así cuando algo importante está a punto de pasar. Estoy aquí contigo, y me quedaré hasta que te duermas.

Poco a poco, siento un calorcito por el cuerpo y sé que no tiene que ver con el edredón, sino con las caricias que me hace mamá en la frente. El nudo de mi barriga se deshace un poco y, aunque todavía siento esos bichitos aleteando, consigo quedarme dormida.

Con los ojos cerrados, siento en la mejilla el beso de mamá, como una mantita calentita. Ese beso será mi lugar seguro cuando me visiten el miedo o la tristeza.

—Cariño, hoy es el gran día... ¡Hoy empiezas el cole! —me susurra mamá suavemente.

Siento en la barriga una mezcla de mariposas, libélulas y colibríes.

Tengo ganas, pero estoy nerviosa, como si el aire me hiciera cosquillas al respirar, así que me levanto muy rápido.

A los pies de la cama, Mamá ha dejado dos camisetas y un par de pantalones para que yo elija.

—Para desayunar, ¿quieres plátano o uva? —me pregunta desde la cocina.

—¡Plátano, mamá!

Me suele despertar y acompañar la yaya, pero hoy Mamá entra más tarde a trabajar. Le he preguntado muchas veces si vendrá conmigo hoy, y ella siempre me contesta:

—Pues claro que sí. Y además...

PUEDE LLOVER DE ABAJO ARRIBA,
PUEDE EL MAR SECARSE
Y LAS PINGÜINAS VIVIR EN LA SABANA...
PERO NADA HARÁ QUE YO NO ESTÉ AHÍ
CUANDO SALGAS.

Elijo la camiseta roja de topitos
y unos pantalones de flores
heredados de mi prima Vera.

En la mochila meto

LA CANTIMPLORA,

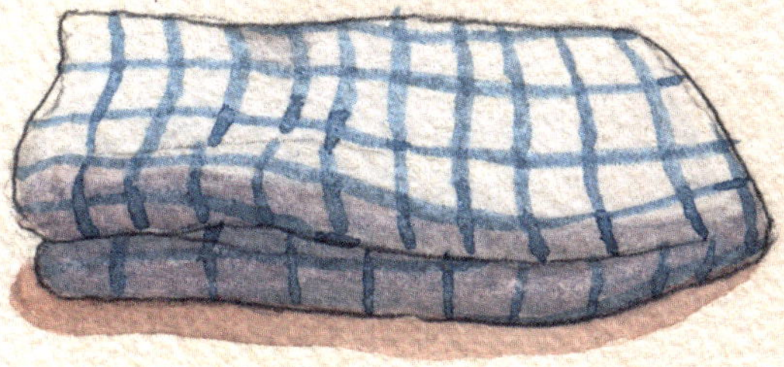

LA SERVILLETA,

LA BATA...

... y, entre los brazos, llevo a MORRITOS.

Cuando mamá era pequeña, Morritos fue su muñeca y, antes de eso, había sido de mi yaya. Morritos es también como una pequeña estufa que me da calor...

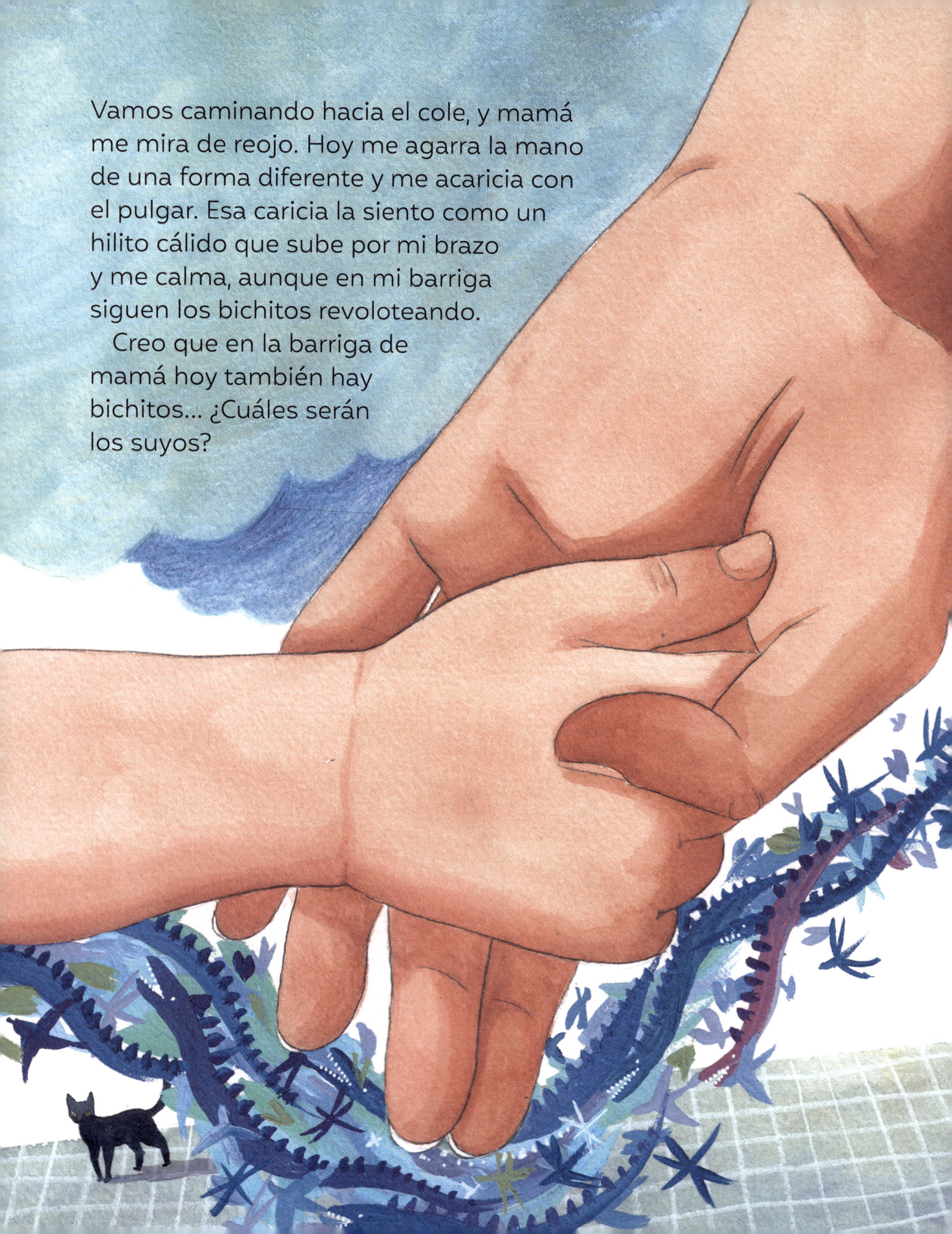

Vamos caminando hacia el cole, y mamá me mira de reojo. Hoy me agarra la mano de una forma diferente y me acaricia con el pulgar. Esa caricia la siento como un hilito cálido que sube por mi brazo y me calma, aunque en mi barriga siguen los bichitos revoloteando.

Creo que en la barriga de mamá hoy también hay bichitos... ¿Cuáles serán los suyos?

Yo voy en silencio.
Las mariposas y
colibríes de mi tripa
se han convertido en
dragones.

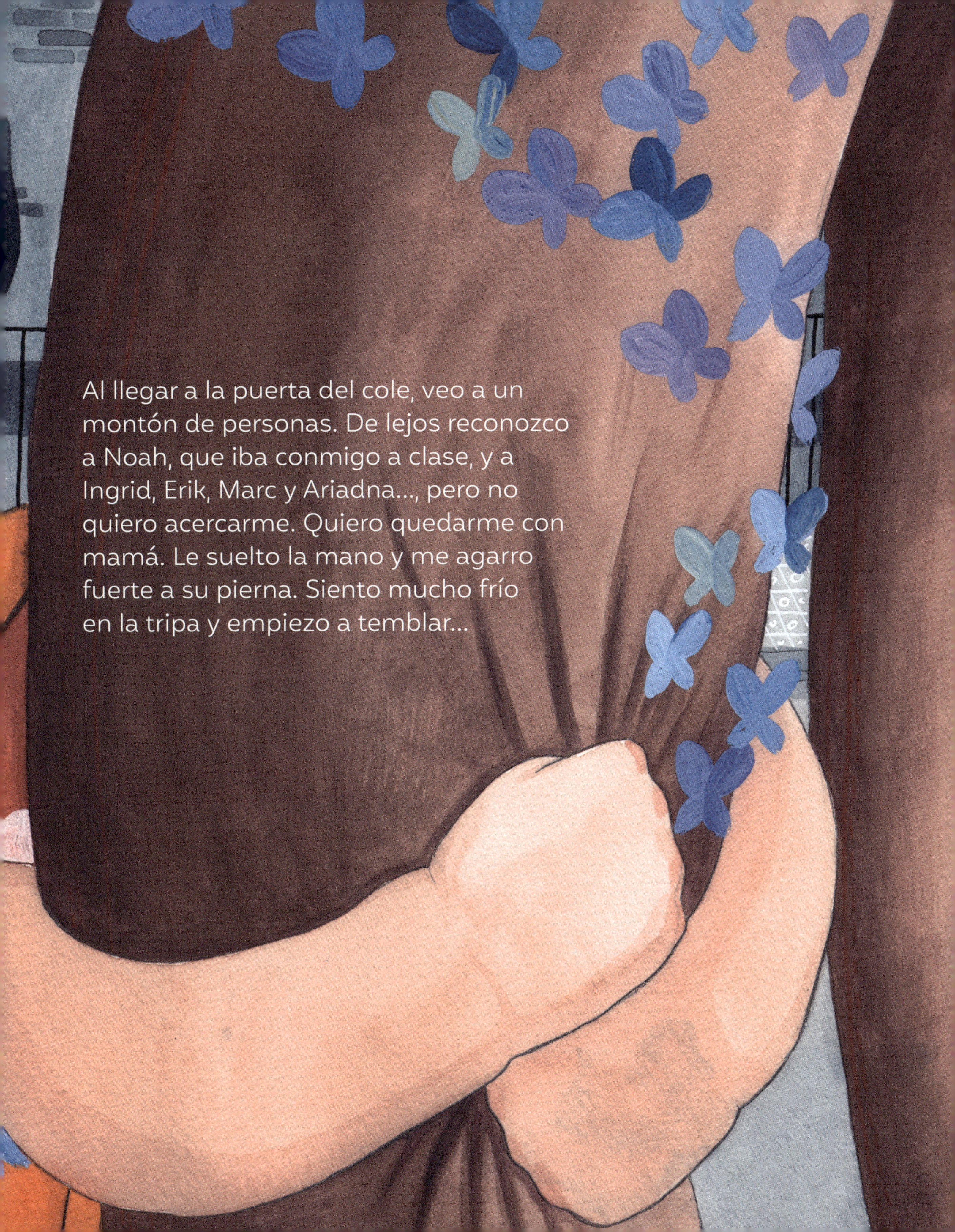

Al llegar a la puerta del cole, veo a un montón de personas. De lejos reconozco a Noah, que iba conmigo a clase, y a Ingrid, Erik, Marc y Ariadna..., pero no quiero acercarme. Quiero quedarme con mamá. Le suelto la mano y me agarro fuerte a su pierna. Siento mucho frío en la tripa y empiezo a temblar...

Mamá se agacha y me mira a los ojos.

—Veo que estás asustada. Es normal, esto es nuevo para ti... Yo también me asusto cuando no conozco algo. Pero estoy aquí y te voy a acompañar hasta la clase para que conozcas a tu profesora.

Me encanta cuando mamá pone palabras a lo que siento. Como si encendiera una chimenea, el calor vuelve a envolverme, aunque todavía me tiembla un poco la tripa.

Al llegar a la clase, veo que ya hay niños y niñas dentro. Algunos juegan y otros están con sus mamás o papás. Escucho una música suave y huele bien...

Una chica se acerca, se agacha y me sonríe:

—Hola, soy Ada. Estoy muy contenta de que hayas venido. ¡Voy a hacer todo lo que pueda para que estés a gusto!

Ada saluda a Morritos. Me gusta que mire a Morritos también. Me gustan las personas grandes que saben verla.

Ada deja que mamá se quede un rato. Mamá me dice que estará hasta que la aguja pequeña esté en el diez y la grande en el doce.

Miro el reloj y también a mi alrededor... Hay libros, juguetes de madera, papeles y lápices de colores. Ada dice que también hay un huerto y un patio con tierra para jugar.

Cuando llega el momento, Mamá se arrodilla frente a mí y me dice:

—Tengo que irme. Pero cuando salgas, estaré ahí fuera con el abrazo más grande que puedas imaginar. Y ¿sabes qué?

PUEDE LLOVER DE ABAJO ARRIBA,
PUEDE EL MAR SECARSE
Y LAS PINGÜINAS VIVIR EN LA SABANA...
PERO NADA HARÁ QUE YO NO ESTÉ AHÍ
CUANDO SALGAS.

La abrazo fuerte, no quiero dejarla ir. Sus abrazos son mi mantita, nada me das más calor.

—Tú también eres mi mantita, cariño. Te amoro todo —dice mamá.

Me quedo ahí quieta, mirando cómo todo pasa rápido a mi alrededor. Y, de repente, a mi lado oigo:

—Hola, soy Pepa, ¿quieres jugar conmigo?

Poco a poco, el calor de la mantita vuelve. Entonces me doy cuenta de
que la mantita está en las personas que, además de verme, saben mirar mis mariposas, dragones y temblores sin intentar que se vayan...

... porque ellas también necesitan sentir su mantita.

Marco teórico para la adaptación escolar

La adaptación escolar de los niños/as de entre 3 y 6 años es un proceso crucial que debe ser acompañado con sensibilidad y comprensión por parte de las familias y los educadores/as. Este periodo implica cambios significativos en los vínculos del niño/a y en su percepción de seguridad, y requiere estrategias que respeten sus ritmos individuales y necesidades emocionales.

1

La importancia de la conexión y el apego

La relación entre el niño/a y sus figuras de referencia es la base de su desarrollo emocional. Cuando el niño/a percibe que está acompañado por adultos que lo ven, lo escuchan y lo aceptan tal como es, desarrolla una sensación de seguridad que le permite explorar su entorno y adaptarse a nuevas experiencias. Un entorno escolar acogedor y conectado fortalece esta seguridad, ayudándole a gestionar los retos de la separación familiar y el descubrimiento del aula.

2

El rol de la regulación emocional

En los primeros años, el cerebro del niño/a aún no ha desarrollado plenamente la capacidad de autorregular sus emociones. Los adultos desempeñan un papel clave como «correguladores», ayudándolos a calmarse por medio de gestos, palabras y actitudes que transmiten calma y seguridad. Poner palabras a las emociones del niño/a («Veo que estás nervioso/a, es normal, estoy aquí contigo») no solo ayuda a disminuir la intensidad de las emociones, sino que también le enseña a identificarlas y gestionarlas.

3

La vinculación progresiva

El proceso de vinculación entre el niño/a y el entorno escolar debe ser respetuoso y gradual. Permitir que las familias participen en este periodo inicial, permaneciendo en el aula cuando sea posible, facilita la transición del hogar a la escuela. Este acompañamiento progresivo reduce el estrés asociado con la separación y fortalece el sentido de pertenencia del niño/a en el nuevo entorno.

4

La seguridad y el entorno escolar

El sistema nervioso del niño/a está diseñado para buscar señales de seguridad en su entorno. Factores como el contacto visual, el tono de voz amable y los gestos cálidos de los adultos ayudan a que se sienta en un espacio seguro. Este estado de calma es esencial para que pueda adaptarse y participar activamente en su entorno escolar. Un aula bien preparada, con elementos que transmitan calidez, invita al niño/a a explorar y relacionarse con el espacio.

5

La importancia del juego y la pertenencia

El juego libre y la interacción con otros niños/as son herramientas poderosas para que el niño/a se sienta integrado en el grupo. Además, el adulto puede fortalecer su sentido de pertenencia a través de rutinas predecibles y pequeños rituales, como un saludo especial o actividades de bienvenida. Cuando el niño/a siente que el aula es «su lugar», se abre más fácilmente a nuevas experiencias.

Ficha para familias: apoyo a la adaptación escolar

1. Fortalece la conexión y el apego

Establecer pequeños rituales de conexión, como un beso especial o palabras cariñosas, refuerza el vínculo y crea un «ancla emocional» que el niño/a podrá evocar durante el día.
***Aplicación práctica:** Dedica tiempo a una despedida amorosa y consistente cada mañana. Usa frases como «Te dejo aquí, pero siempre vuelvo a recogerte». Este ritual ayuda al niño/a a afrontar la separación con más confianza.

EN EL CUENTO: «CON LOS OJOS CERRADOS, SIENTO EN LA MEJILLA EL BESO DE MAMÁ, COMO UNA MANTITA CALENTITA».

2. Ayuda a regular las emociones del niño/a

Validar lo que siente el niño/a y ponerle palabras reduce su estrés y le enseña a gestionar sus emociones con apoyo.
***Aplicación práctica:** Usa un lenguaje sencillo y empático: «Creo que estás nervioso/a porque es tu primer día. Es normal sentir mariposas en la barriga. Estoy aquí para ayudarte». Esto calma su sistema nervioso y le hace sentir acompañado/a.

EN EL CUENTO: «VEO QUE ESTÁS ASUSTADA. ES NORMAL, ESTO ES NUEVO PARA TI».

3. Facilita una vinculación progresiva

Una separación gradual, en la que el niño/a tenga tiempo de adaptarse al nuevo entorno antes de separarse de su figura de apego, reduce la ansiedad.
***Aplicación práctica:** Habla con el centro educativo para coordinar una despedida progresiva. Quédate un rato con tu hijo/a en el aula los primeros días y utiliza referencias claras para marcar el momento de tu regreso.

EN EL CUENTO: «ADA DEJA QUE MAMÁ SE QUEDE UN RATO. MAMÁ ME DICE QUE ESTARÁ HASTA QUE LA AGUJA PEQUEÑA ESTÉ EN EL DIEZ Y LA GRANDE EN EL DOCE».

4. Crea rutinas que refuercen la seguridad

La repetición de rutinas predecibles y las opciones limitadas, como elegir la ropa juntos o preparar la mochila, ayuda al niño/a a afrontar lo desconocido con mayor seguridad.
***Aplicación práctica:** Establece rutinas previas al colegio, da diferentes opciones para que pueda escoger la ropa o el desayuno. Esto le da al niño/a una sensación de control y seguridad, proporcionándole responsabilidad y respetando su criterio.

EN EL CUENTO: «A LOS PIES DE LA CAMA, MAMÁ HA DEJADO DOS CAMISETAS Y UN PAR DE PANTALONES PARA QUE YO ELIJA».

5. Usa objetos de apego

Los objetos que conectan al niño/a con su hogar y su familia le brindan consuelo en el nuevo entorno.
***Aplicación práctica:** Permite que tu hijo/a lleve consigo un peluche, una foto o un objeto pequeño que le recuerde su espacio seguro en casa.

EN EL CUENTO: «CUANDO MAMÁ ERA PEQUEÑA, MORRITOS FUE SU MUÑECA Y, ANTES DE ESO, HABÍA SIDO DE MI YAYA».

Ficha para el maestro/a: estrategias para la adaptación escolar

1. Crea un entorno seguro y acogedor

Un aula bien preparada transmite calidez y seguridad, e invita al niño/a a explorar sin sentirse abrumado.
***Aplicación práctica:** Crea un ambiente con elementos acogedores, como música suave, materiales naturales y espacios bien organizados. Usa colores cálidos y rincones que inviten al juego y la exploración.

EN EL CUENTO: «ESCUCHO UNA MÚSICA SUAVE Y HUELE BIEN».

2. Fomenta una vinculación progresiva con las familias

Permitir la presencia de los padres al inicio del periodo de adaptación ayuda al niño/a a familiarizarse con el entorno y a sentirse seguro.
***Aplicación práctica:** Coordina con las familias su permanencia un tiempo en el aula los primeros días, respetando las necesidades de cada niño/a. Esto facilita una transición más respetuosa y gradual.

EN EL CUENTO: «ADA DEJA QUE MAMÁ SE QUEDE UN RATO».

3. Valida las emociones del niño/a

Reconocer al niño/a y sus emociones desde el primer momento le ayuda a sentirse visto/a y valorado/a.
***Aplicación práctica:** Saluda a cada niño/a con su nombre, a la altura de los ojos, y muestra interés por cómo se siente. Usa frases como «Estoy aquí para ayudarte si lo necesitas» o «Te entiendo, es normal estar nervioso/a al principio».

EN EL CUENTO: «HOLA, SOY ADA. ESTOY MUY CONTENTA DE QUE HAYAS VENIDO. ¡VOY A HACER TODO LO QUE PUEDA PARA QUE ESTÉS A GUSTO!».

4. Respeta el ritmo del niño/a

Dar tiempo al niño/a para explorar y adaptarse sin presión facilita que se sienta cómodo en el nuevo entorno.
***Aplicación práctica:** Observa cómo interactúa el niño/a con el espacio y no lo fuerces a participar. Dale tiempo para explorar y vincularse de forma natural con el aula y sus compañeros/as.

EN EL CUENTO: «HAY LIBROS, JUGUETES DE MADERA, PAPELES Y LÁPICES DE COLORES».

5. Incluye lo que es importante para el niño/a

Reconocer los objetos y detalles significativos para el niño/a le ayuda a conectar emocionalmente contigo y con el entorno.
***Aplicación práctica:** Interésate por los objetos o historias que los niños/as traen consigo. Usa frases como «Veo que has traído tu peluche favorito, ¿cómo se llama?» para reforzar su sentido de pertenencia.

EN EL CUENTO: «ADA SALUDA A MORRITOS. ME GUSTA QUE MIRE A MORRITOS TAMBIÉN».

A NOAH, VERA Y SERGI,
MI LUGAR SEGURO.

Diseño y maquetación: Olga Coderch

ISBN: 978-84-10346-58-1
Código IBIC: YB
Depósito legal: B 3.561-2025

Primera edición: marzo de 2025
Duomo ediciones es un sello de Antonio Vallardi Editore S.u.r.l.
www.duomoediciones.com

Gruppo editoriale Mauri Spagnol S.p.A.
www.maurispagnol.it

Impreso en Florjančič tisk (Eslovenia)